LOS DANSORES ESPAGNOLAS

JOCOSA TOQUABILLAS EN UN ACTE

MÊLÉE DE COUPLETOS

Par MM. BAYARD et BIÉVILLE

Représentée, pour la première fois, à Paris, sur le théâtre du PALAIS-ROYAL,
le 3 février 1852.

PRIX : 60 CENTIMES.

Paris

BECK, LIBRAIRE

RUE DES GRANDS-AUGUSTINS, 20

TRESSE, successeur de J.-N. BARBA, Palais-Royal

1852

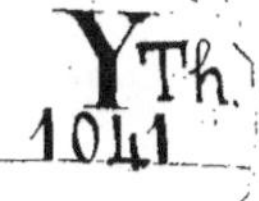

LOS DANSORES ESPAGNOLAS

JOCOSA TOQUADILLAS EN UN ACTE,

MÉLÉE DE COUPLÉTOS,

Par MM. BAYARD et BIÉVILLE,

Représentée pour la première fois, à Paris, sur le théâtre du PALAIS-ROYAL,
le 3 Février 1852.

PERSONNAGES.	ACTEURS.
BOUSCULOT, directeur de théâtre......................	MM. L'héritier.
DE BLANCMIGNON, président du conseil de la ville.........	Amant.
THÉOPHILE, premier rôle.........................	Grassot.
GAUDIBERT, régisseur du théâtre......................	Kalkaire.
VICTORIN, cor, marchand de bois et secrétaire du conseil....	Augustin.
ÉDOUARD, utilité................................	Lacourière.
BUSCAMBILLE, premier garçon du théâtre...............	
M. VILAIN, conseiller............................	
M. PASTOURET, idem............................	
LASTHÉNIE, femme d'Édouard, grande coquette............	Mlle Aline Duval.
BERGAMOTTE, premier rôle........................	Mmes Thierret.
ANODINE, fille de Bousculot........................	Azimont.
Acteurs, Actrices................................	

La scène se passe dans une petite ville de province.

Le théâtre représente l'intérieur d'un théâtre : décoration quelconque, avec coulisses ouvertes; à droite, une table en bois, quelques chaises de paille.

SCÈNE PREMIÈRE.

BOUSCULOT, GAUDIBERT ; Acteurs, Garçons, ensuite ANODINE.

(Au lever du rideau Gaudibert descend le théâtre en sonnant (1).

BOUSCULOT, *en dehors.* Eh oui! Anodine! ma fille! Gaudibert! mes amis!

GAUDIBERT, *sonnant une grosse cloche.* Allons, Messieurs, Mesdames, au théâtre. (*Quelques acteurs et quelques actrices entrent en scène, comme pour répéter.*)

BOUSCULOT, *entrant suivi de Buscambille qui porte un coffre.* Eh bien! eh bien! régisseur, que faites-vous ?

GAUDIBERT. Je sonne la répétition.

BOUSCULOT. Eh! que le bon Dieu vous patafiole! vous voyez que je suis pourpre, que j'ai la fièvre, que je suis mort!.. et vous me sonnez le tocsin dans les oreilles! (*Au garçon qui le suit.*) Pose cette malle ici !..

GAUDIBERT. Mais, monsieur le directeur, la répétition...

1 G. B.

BOUSCULOT. Mais quand je vous répète qu'on ne répétera pas ce matin! (*Aux acteurs.*) Je vous donne congé!

LES ACTEURS. Ah! quelle chance! (*Ils sortent tous avec empressement.*)

GAUDIBERT. Dame! si vous fermez le théâtre.

BOUSCULOT, *le prenant à la gorge.* Malheureux! tais-toi (1)!.. fermer le théâtre! rien que d'y penser, je me trouve mal!.. donne-moi une chaise! (*Gaudibert lui apporte une chaise, plutôt que de s'asseoir il se met à marcher.*) M'avouer en déconfiture... renoncer à ma direction !..

GAUDIBERT, *le suivant avec la chaise.* Mais alors.

BOUSCULOT. Anodine! ma fille!

ANODINE, *entrant par la gauche.* Papa (2)!..

BOUSCULOT, *s'attendrissant.* Embrasse-moi.

ANODINE. Pourquoi ça, papa?

BOUSCULOT. Tu vas prendre deux garçons de théâtre...tu commanderas un dîner de Balthazar... trois gigots, dix-huit canards avec des oignons et vingt bottes de radis...

GAUDIBERT. Vous allez recevoir?

1 B. G.
2 A. B. G.

BOUSCULOT. Oui, Gaudibert, oui... je l'espère !..

ANODINE. Tiens ! papa ! tu voulais te laisser mourir de faim pour en finir.

BOUSCULOT. Je change de fin... Je fais fortune !

ANODINE. Vrai, papa !..

GAUDIBERT. Il serait Dieu possible !

BOUSCULOT. Oui, Gaudibert, oui... je l'espère ! (A Anodine.) Et comme le temps des privations est passé, tu commanderas une tarte aux pommes pour vingt-cinq personnes... à madame Lichtembroche.

ANODINE. La pâtissière... la mère de Victorin...

BOUSCULOT. Elle-même.

ANODINE. Mais tu sais bien, papa, qu'elle ne veut plus que j'épouse son fils !

BOUSCULOT. Elle le revoudra !

ANODINE. Ah ! papa !.. un mariage, tout de bon !

BOUSCULOT. Comment ! tout de bon ! est-ce qu'il y en a d'autres, Anodine ?

ANODINE. Dame ! je ne sais, papa, mais...

Air : *Galop de la tentation.*

C'est égal, je suis bien aise
D'épouser quelqu'un enfin !

BOUSCULOT.

Ne sois donc pas si niaise
Quand ton père est aussi fin !
(*A part.*)
Par quel malheur de famille
A-t-ell' donc si peu d'esprit ?
Je dout'rais qu'ell' fût ma fille
Si ma femme ne m' l'eût pas dit.

Parlé. Ah ! achete-moi des allumettes chimiques... et surtout, qu'elles soient bonnes.

ANODINE, *parlé.* Oui, papa.

ENSEMBLE.

C'est égal, je suis bien aise
D'épouser quelqu'un enfin !
Mais, vous êtes sur la braise
Et je me mets en chemin.

BOUSCULOT.

Ne sois donc pas si niaise,
Quand ton père est aussi fin !
Mais, je suis là sur la braise,
Mets-toi donc vite en chemin.

GAUDIBERT, *à part.*

La pauvre fille est niaise,
Mais, son père, vieux malin,
Afin de la mettre à l'aise,
Veut qu'elle épouse un serin.
(*Anodine sort.*)

BOUSCULOT. Ah ! Buscambille !..

LE GARÇON. Bourgeois ?..

BOUSCULOT. J'attends une affiche... tu me l'apporteras.

LE GARÇON. Oui, bourgeois. (*Il sort.*)

SCÈNE II.

BOUSCULOT, GAUDIBERT, *ensuite*
BUSCAMBILLE (1).

GAUDIBERT. Vous allez afficher *Relâche ?*

BOUSCULOT. Relâche !.. non, Gaudibert, non ! tu sauras tout, toi, mon régisseur, mon confident, mon ami... tu sais dans quelle atroce débine je suis tombé !.. directeur du théâtre de cette ville, j'ai beau annoncer les spectacles les plus mousseux, les surprises les plus... rien n'y fait !.. il n'y a pas de banques que je n'aie tentées, pas de trucs que je n'invente ! les crétins !.. ils refusent tout... l'Académie française viendrait jouer elle-même en personne... elle ne ferait pas un sou !.. je touchais donc à une catastrophe, et le conseil des notables de la ville, composé de trois perruques et de deux faux toupets, allait me retirer mon privilége et ma subvention.

GAUDIBERT. Pauvre ami !

BOUSCULOT, *s'attendrissant.* J'étais perdu... ma fille Anodine, dont j'avais mitonné le mariage avec le petit Victorin, ce jeune marchand de bois, cor amateur de mon orchestre, et secrétaire du conseil de la ville !.. un parti superbe ! ma fille Anodine allait me retomber sur les bras... et tu sais si elle est d'une défaite difficile !.. impossible d'en faire quelque chose au théâtre !.. elle est bête, bête !.. comme une cruche cassée !.. mais enfin, je l'aime, c'est ma fille... d'autant plus que c'est tout le portrait de sa pauvre mère !.. ça ne peut convenir qu'à un mari.

GAUDIBERT. Voilà donc pourquoi je vous voyais si triste, si jaune !

BOUSCULOT. Je n'en rougis pas !.. je rêvais une fugue... quand, hier, une idée !.. une inspiration ! un rayon de là-haut... j'avais lu le matin, en prenant mon chocolat, au café, à crédit... que des danseurs espagnols donnaient des représentations à Épernay... je cours au chemin de fer... je paie une place avec ma recette de la veille, corroborée de ma recette de l'avant-veille, et v'lan je pars pour Épernay !

GAUDIBERT. Tiens ! on disait que vous étiez au lit avec une rage de dents.

BOUSCULOT. Je l'avais écrit sur ma porte... pour mes créanciers... J'arrive à Épernay juste au moment des sauts.

GAUDIBERT. Je vous vois d'ici à l'orchestre !

BOUSCULOT. Oui... c'est-à-dire... impossible de me placer dans la salle... elle était comble !.. j'obtins de mon confrère une place dans les coulisses... et de là j'entendais la musique, les applaudissements, les... *oh ! oh ! bravo ! brava !* et même en avançant un peu trop la tête, j'ai reçu un bouquet sur le nez... monstre !..

GAUDIBERT. La marque y est.

BOUSCULOT. Douze cents francs de recette, Gaudibert ! mon confrère m'a avoué que ces danseurs andalous lui avaient fait gagner quinze mille six cents francs !

GAUDIBERT. Quinze mille six cents francs !..

BOUSCULOT. Ils partaient ce matin... je monte à la loge de la première danseuse, une Anda-

louse tout ce qu'il y a de plus pruneau ; j'ouvre,
elle venait de quitter sa crinoline.

Air : J'en guette un petit.

> Par respect, je reste à la porte,
> Derrière elle, pour ne rien voir ;
> Mais elle se tenait de sorte
> Que je la vis dans son miroir.
> Ah ! je comprends qu'un public idolâtre
> Claque ses pieds, sa tête, et cœtera.
> On est bien sûr avec ces jambes-là,
> De faire marcher un théâtre !

Alors, le directeur est arrivé... un homme superbe... avec ses premiers sujets des corps d'é-
lite.. je les ai priés, suppliés, de s'engager avec
moi, pour un mois... ah ! bien oui !

GAUDIBERT. Ils ont refusé ?

BOUSCULOT. Aussi durs que les mulets de leur
pays !.. j'ai demandé trois semaines !

GAUDIBERT. Ils se sont attendris !

BOUSCULOT. Comme si j'avais joué des castagnettes !.. je me suis rabattu à quinze malheureux jours comme mon confrère d'Épernay.

GAUDIBERT. Eh bien ?

BOUSCULOT. Eh bien !.. silence ! c'est Buscambille (1)..

BUSCAMBILE. Voici l'affiche que vous avez de-
mandée...

BOUSCULOT. Bravo ! grimpe sur une chaise, Buscambille... et déroule-moi ça... (Buscambille
monte sur une chaise et déroule une affiche qui
le cache tout entier et traîne encore par terre.)

GAUDIBERT. Miséricorde !

BOUSCULOT. Hein ! voilà une belle affiche ; les
caractères sont lisibles, et comme ça tire l'œil !..
et l'œil tiré !..

GAUDIBERT. Ça tire la bourse.

BOUSCULOT, lisant. « Théâtre National... Première représentation... »

GAUDIBERT. Mais ils viennent donc...

BOUSCULOT. Tu le vois bien ! (Criant.) « Pre-
« mière représentation des incomparables pre-
« miers danseurs espagnols, sous la direction de
« l'illustre segnor Cascarello dy Flascados, y
« Fuera, y Bracchio, y Tremblementado, y etc. »
Ma foi, je n'ai pas eu assez de place pour mettre
tous ses noms ; il faudra qu'il se contente de ça.

GAUDIBERT. Il me semble qu'il y en a assez
pour un seul homme.

BOUSCULOT. Pour un seul homme, c'est possible ;
mais pour un Espagnol ! (Lisant.) « Primo : l'il-
« lustre senôra Pelura de la Orangea, première
« danseuse du grand Opéra de Madrid, la même
« qui a eu tant de succès à Paris, dansera le pas
« del Capello, le même qui a eu tant de succès à
« Paris. Secundo : l'illustre senôra Pelura dè la
« Orangea, dansera le pas del Jaleo avec le senôr

« Cascarello di Flascados, premier danseur du
« grand Opéra de Madrid, avec la senôra Grossa
« Boulottinas, première danseuse du grand Opéra
« de Madrid et le segnor Gigados di Granda
« Jamba, premier danseur du grand Opéra de
« Madrid... »

GAUDIBERT. Il paraît qu'ils sont tous premiers...

BOUSCULOT. Pardine ! s'il y avait des seconds,
des troisièmes... ce ne seraient plus les premiers
danseurs du grand Opéra de Madrid. (Lisant.) « Le
« pas de la Déhanchadaquillas, le même qui a eu
« tant de succès à Paris. Tertio : l'illustre senôra
« Pelura de la Orangea dansera avec les senôras
« Clignotellas et Risettapapa, le pas de la Mar-
« motte envie di Chamberi, le même qui a eu
« tant de succès à Paris ; le tout sera terminé par
« une cachucha générale. »

GAUDIBERT. La même qui a eu tant de succès
à Paris.

BOUSCULOT, lisant. « Dans l'intervalle des danses
« et pour laisser aux illustres senôres et senôras
« la faculté de reprendre haleine, la troupe ordi-
« naire du théâtre jouera le Tartuffe ou toute autre
« bagatelle du répertoire. Le prix des places sera
« considérablement augmenté. — Nota bene : les
« amateurs qui voudront jeter des bouquets aux
« senôras, en trouveront un approvisionnement
« chez la bouquetière du théâtre à des prix très-
« élevés. »

GAUDIBERT. Vous avez rédigé cette affiche-là...

BOUSCULOT. En route... sur celle d'Épernay...
Hein ! qu'en dis-tu ?

GAUDIBERT. On paierait rien que pour la lire...

BOUSCULOT. Je la crois mousseuse.

BUSCAMBILLE. Il n'y a que ça, bourgeois ?

BOUSCULOT. Oui, pour aujourd'hui... et vite, tu
vas la faire apposer aux abords du théâtre... sur
toutes les places de la ville... à la porte de la
mairie... quel gluau !

Air : Du Dieu des bonnes gens.

> O puff ! ô speech ! science de l'affiche,
> Où nous usons parfois plus de talent
> Que maint auteur dont l'esprit se croit riche,
> N'en met dans son œuvre à présent.
> O spectateurs dont la salle est remplie,
> Vous ne saurez jamais, mes bonnes gens,
> Ce qu'il nous faut d'adresse et de génie
> Pour vous mettre dedans.

(Buscambille sort.)

SCÈNE III.

BOUSCULOT, GAUDIBERT, ANODINE, ensuite
VICTORIN, BLANCMIGNON.

ANODINE (1). Papa ! papa ! les voilà !

BOUSCULOT. Hein ? qu'est-ce que c'est ? est-ce
qu'ils arrivent ?

GAUDIBERT. Les Espagnols...

1 G. B Bus.   1 G. B. A.

ANODINE (1). Mais non, c'est Victorin qui vient ici avec son oncle, M. Blancmignon, qui prétend que votre fortune est faite.

BOUSCULOT. Il a raison.

ANODINE. Aussi madame Lichtembroche m'a embrassée, et tout le monde m'a fait crédit.

GAUDIBERT. Comment, M. Blancmignon... le membre du conseil qui ameute toujours contre vous (2)?

BOUSCULOT. Lui-même... le père des arts... c'est de lui que dépend ma subvention... Je l'ai rencontré en arrivant, je lui ai annoncé des danseuses, des jolies femmes.

GAUDIBERT. Il est amateur du beau sexe.

ANODINE. Ah! ouiche, c'est un vieux polisson.

BOUSCULOT. Anodine, ménagez vos termes, vous feriez croire...

ANODINE. Tiens, ça m'est bien égal... Ah! voilà tes allumettes chimiques.

BOUSCULOT. Sont-elles bonnes, au moins?

ANODINE. Oh! oui, je les ai toutes essayées.

BOUSCULOT, *se tapant la tête.* Oh! (*Gaudibert éclate de rire.*)

VICTORIN. Par ici, monsieur Blancmignon, par ici! (*Se cognant contre le coffre qui est à l'entrée d'une coulisse,*) Aïe, ouf! nom d'un petit bonhomme.

GAUDIBERT. Vous vous êtes fait mal, monsieur Victorin?

VICTORIN. Non, au contraire! je me suis écorché...

BLANCMIGNON. Me voici! me voici! bonjour... dans ces diables de coulisses, il faut toujours aller à tâtons. (*Il embrasse Anodine.*) Ah! ah! ah!

ANODINE. Eh bien! eh bien!

VICTORIN, *les séparant* (3). Mais, mon oncle, c'est ma future.

BLANCMIGNON. Donc, c'est ma nièce, raison de plus.

BOUSCULOT. Au fait!

BLANCMIGNON. Ah! c'est vous, mon cher directeur... eh bien, ça marche, ça marche, en vous quittant, j'ai fait le tour de la ville, j'ai annoncé partout notre bonne fortune... j'ai monté toutes les têtes pour vos danseurs, vos danseuses surtout... Dame, je suis le père des arts.

BOUSCULOT. Merci! merci! (*A Gaudibert.*) C'est une réclame ambulante!

VICTORIN, *se tâtant la jambe.* Aïe, ça me cuit.

ANODINE. Voulez-vous que je vous frotte?

BLANCMIGNON. Dans un instant, toute la ville assiégera votre bureau de location.

BOUSCULOT. En vérité, Dieu soit loué et ma salle aussi... va vite, Gaudibert, va, ouvre les portes... loue, loue, loue, et fais payer comptant. (*Il sort.*)

1 G. A. B.
2 G. B. A.
3 G. B. Bl. V. A.

ANODINE (1). Ça vous cuit-il encore?

VICTORIN, *l'embrassant.* Non, Anodine, non.

BOUSCULOT. Eh bien, dis donc, toi, ne te gêne pas (2).

VICTORIN. Mais, puisqu'elle va être ma femme, puisque maman, en entendant M. Blancmignon, a dit que si c'était vrai, si vous refaisiez vos affaires, elle me rendrait son consentement.

BOUSCULOT. Vrai! ce cher M. Blancmignon, remercie-le donc, Anodine, de ton mariage (3).

ANODINE. Ah! oui, dame! je serai bien aise que ça se fasse.

BLANCMIGNON. Elle est naïve, la petite!

BOUSCULOT, *à part.* Il appelle ça naïve, lui.

VICTORIN. Ça se fera, Mam'selle (4).

BLANCMIGNON. Mais ce n'est pas tout... J'ai vu mes confrères du conseil... c'est aujourd'hui notre jour de réunion, dans une heure; mais avant de vous rendre votre privilége et d'augmenter votre subvention, je ne vous cache pas qu'ils voudront voir, juger par eux-mêmes, et sous prétexte de s'éclairer, assister à la répétition. C'est là que je les attends, quand ils seront transportés, électrisés, j'enlève le vote d'emblée, mais sont-elles bien, vos danseuses, hein? elles sont...

BOUSCULOT. Dame! elles sont... dame... elles sont... Tenez, ça ne peut se dire qu'en espagnol, ce qu'elles sont!

BLANCMIGNON. Ah! tant mieux (5)... Moi, d'abord, je suis friand de danse, et nous n'en avons jamais eu dans notre cité... je n'ai encore vu des danseuses que de loin.

Air : *Contentons-nous.*

Dans un voyage, en dix-huit-cent-quarante,
Je vis un soir notre grand Opéra,
Et j'admirai la sylphide charmante
Que tout Paris claquait dans ce temps-là!
Quel feu! quels pas! quel moelleux! quelles poses
Que de trop loin, hélas, je dévorais!
Et je le sens, pour bien juger les choses,
J'aurais besoin de les voir de plus près!

On pourra leur parler, n'est-ce pas?

BOUSCULOT. Je ne sais pas si elles vous comprendront, elles ne parlent qu'espagnol.

BLANCMIGNON. J'en prierai une de me montrer sa langue pour l'apprendre... eh! mais, qu'est-ce que je vois là qui brille? (*Il montre le coffre* (6).)

BOUSCULOT. Ce sont leurs costumes que j'ai apportés moi-même, comme arrhes!

BLANCMIGNON. Comme hardes, oui... les costumes de ces dames! des robes d'Andalouses! hé! hé! hé! ça me rend tout... peut-on toucher?

1 Bl. B. V. A.
2 Bl. V. B. A.
3 V. Bl. A. B.
4 A. V. Bl. B.
5 A. V. B. Bl.
6 A B V. Bl.

BOUSCULOT. Touchez... touchez... Toi, Victorin, mon garçon, ce soir, nous aurons besoin de ton instrument à l'orchestre.

VICTORIN. Bah! mon cor?

BOUSCULOT. C'est indispensable.

VICTORIN. Je croyais qu'on ne dansait pas bien, avec un cor?

BOUSCULOT. Au pied... c'est possible! mais, à l'orchestre ça sert.

BLANCMIGNON, *prenant une robe.* Ah! le beau vêtement!.. ce doit être celui de la Pelura del Orangea (1).

BOUSCULOT. C'est possible...

BLANCMIGNON, *regardant le corsage en dehors.* On voit que cette robe appartient à une belle femme... elle a encore la forme des appas qu'elle a contenus... (*Regardant en dedans.*) oh! du coton!.. du coton!

BOUSCULOT. Hein! Cachez donc!.. mon cher, cachez donc!.. ma fille!

ANODINE. Tiens! comme si je ne savais pas ce que c'est! toutes ces dames en ont.

VICTORIN. Anodine!..

BLANCMIGNON. Oh! oh!.. elle est naïve, la petite.

BOUSCULOT. Oui, c'est l'innocence même!.. (*Bas.*) fichue bête, va.

GAUDIBERT. Monsieur le directeur! monsieur le directeur (2), ça chauffe, ça chauffe! on dévore vos affiches, on assiége les bureaux!..

BLANCMIGNON. Si je vous faisais donner un gendarme pour contenir la foule, avec une culotte de peau.

BOUSCULOT. Bravo!.. oh! que vous êtes bon!..

BLANCMIGNON. Je suis le père des arts (3)!

GAUDIBERT. Mais j'y pense, vos danseurs, où les logera-t-on?

BOUSCULOT. Où on les logera!.. mais dans les loges, mais dans les plus belles! il n'y a rien de trop beau pour eux... et moi-même, moi qui vous parle, je leur donnerai mon appartement, ma chambre, mon lit, celui de ma fille!

BLANCMIGNON. Et vous ferez bien!

ANODINE. Un Espagnol dans mon lit... Mais, je ne veux pas!.. ça m'empêcherait de dormir!

BLANCMIGNON. Ah! ah! ah!..

VICTORIN. Par exemple!

BOUSCULOT. Mais, non!.. tu dormiras ailleurs!.. bête, va! Tiens, apporte-moi à déjeuner, je meurs de faim.

ANODINE. Oui, papa (4).

BLANCMIGNON. Allons, Victorin, mon neveu... (*Prenant le menton à Anodine.*) Eh! eh! eh!.. ça l'empêcherait de dormir!

1 V. A. B. Bl.
2 V. A. B. G. Bl.
3 V. A. B. Bl. G.
4 B. V. A. Bl. G.

ENSEMBLE.

Air : *De la mère Camus.*

Allons, sans perdre de temps
Qu'on s'apprête
Pour la fête
Que vont nous donner céans
Ces généreux Castillans!

(*Blancmignon et Victorin sortent à droite, Anodine à gauche.*)

GAUDIBERT. Ah! j'oubliais (1)... Voici deux lettres pour avoir des loges...

BOUSCULOT. Il n'y en a plus!

GAUDIBERT. Mais si fait!..

BOUSCULOT, *allant et venant.* Il n'y en a plus!.. il faut répondre que toute la salle est louée pour dix représentations... Les abonnés crieront... tant mieux!.. ça fera des réclames... tu diras qu'il n'y en a plus... tu ajouteras qu'il y en a encore, si l'on veut payer trois fois la valeur de la place; on trouvera quelqu'un qui cédera ses billets. Va, Gaudibert, va!.. (*Seul.*) Ah! je n'en peux plus!.. (*S'asseyant.*) Dieu! quelle tête il faut avoir, pour être directeur!.. ma parole d'honneur, il y a des moments où j'aimerais mieux être ministre!..

SCÈNE IV.

BOUSCULOT, GAUDIBERT, THÉOPHILE, LASTHÉNIE (2).

GAUDIBERT. Voilà des personnes qui vous demandent.

BOUSCULOT, *se levant vivement.* Ce sont eux (3)!..

GAUDIBERT, *bas.* Il me semble qu'ils parlent français. (*L'orchestre joue un tremolo sur lequel entrent Théophile et Lasthénie.*)

BOUSCULOT, *à part.* Ce n'est pas le seigneur Cascarillo. (*Saluant.*) Monsieur...

THÉOPHILE. Bonjour, vieux. (*A Lasthénie.*) Fais la révérence!

BOUSCULOT. Monsieur est sans doute un artiste de la troupe?..

THÉOPHILE. Cristi, oui! le premier! (*A Lasthénie.*) Il ne me reconnaît pas.

GAUDIBERT. Et Madame?

LASTHÉNIE. La première!

GAUDIBERT, *à part.* C'est la Pelura!..

BOUSCULOT. Vous êtes un peu en retard.

THÉOPHILE. Et cependant pour être exacts, nous avons pris, Madame et moi, les deux places d'impériale d'omnibus, à la station.

LASTHÉNIE. Et nous sommes venus en lapins.

BOUSCULOT. En lapins! des artistes comme vous, en lapins!.. Asseyez-vous donc, nobles étrangers.

THÉOPHILE, *à Bousculot.* Merci, l'Amour!

1 B. G
2 B. G.
3 B. T. L G..

LASTHÉNIE, *à Gaudibert, qui lui offre également une chaise.* Merci, belle biche !

BOUSCULOT. Les autres vont bientôt arriver?..

THÉOPHILE. Ils nous suivent, les caniches !.. mais ils se sont arrêtés pour prendre quelque chose.

LASTHÉNIE. Avec mon mari.

BOUSCULOT. Votre mari !.. *(A part.)* C'est ça, c'est la femme du signor...

THÉOPHILE, *lui tendant la main.* Comment ça va-t-il?

BOUSCULOT, *lui serrant la main.* Comment ça va, mais pyramidalement !.. les affiches sont mises... les bureaux sont ouverts...

THÉOPHILE. Déjà !.. *(A part.)* Le correspondant nous avait annoncés.

LASTHÉNIE, *passant, à Bousculot.* Et la location marche... ferme (1) !

BOUSCULOT. Ferme comme vous?

THÉOPHILE. Fais la révérence !..

LASTHÉNIE, *faisant la révérence.* Vous êtes trop bon !

BOUSCULOT. Vous nous donneriez trente représentations que ma salle serait louée tout entière d'avance pour les trente.

THÉOPHILE, *à Gaudibert.* Ah! bah! il paraît que le goujon mord dans cette ville.

GAUDIBERT, *étonné.* Le goujon!

LASTHÉNIE. Ah! bien! nous vous en donnerons trente !..

BOUSCULOT. Vrai !.. oh! nobles étrangers! vous me voyez ému, touché... mais cela ne m'étonne pas !.. le vrai talent est libéral !.. j'en pleure !..

GAUDIBERT. Et moi aussi !..

THÉOPHILE, *à part.* Ah çà, qu'est-ce qu'ils ont donc ces veaux-là !..

LASTHÉNIE. Dieu! êtes-vous donc gentils ici !...

BOUSCULOT, *à Lasthénie.* Tenez, permettez-moi de vous embrasser !

THÉOPHILE, *à Gaudibert.* Embrassons-nous. Folle ville !

LASTHÉNIE, *à Bousculot.* Oh! allez !.. allez! c'est la première fois...

BOUSCULOT, *l'embrassant.* Qu'on vous embrasse !....

LASTHÉNIE. Non... qu'on nous reçoit si honnêtement (2).

THÉOPHILE. Qu'on nous fait un accueil si chicocandard !

BOUSCULOT. Chicocandard! moi! ce qui me surprend le plus, c'est que vous parliez un aussi bon français !

LASTHÉNIE. Plaît-il?

THÉOPHILE. Est-ce que nous voulons blaguer le Théâtre-Historique ?

GAUDIBERT. Historique !....

1 B. L. T. G.

2 L. B. T. G.

BOUSCULOT. Hein ?... mais vous êtes des Espagnols ?

LASTHÉNIE. Des Espagnols ! *(Bousculot se retourne vers Lasthénie.)*

THÉOPHILE, *lui donnant un coup de pied dans le derrière.* Polisson!

GAUDIBERT. Ah! mais..... dites donc, danseurs (1) !

LASTHÉNIE. Danseurs !

THÉOPHILE, *donnant un coup de pied à Gaudibert.* Canaille !

BOUSCULOT. Ah! mais...

THÉOPHILE. C'est donc comme ça qu'on reconnaît un vieux de la vieille, un ancien camarade du Conservatoire, grand prix d'Opéra, couronné par feu Chérubini... *(Chantant.)*

Le fils des dieux, le successeur d'Alcide... Couac !

GAUDIBERT. Ah! bah! c'est Théophile!

BOUSCULOT. Loulou !...

THÉOPHILE, *lui tendant la main.* Ça y est..... il n'y a rien qui donne de la mémoire aux amis comme... voulez-vous que je bisse...

BOUSCULOT. Non ! non !

GAUDIBERT. Madame est ton épouse?

THÉOPHILE. Cristi, non !... *(La prenant par la main.)* Messieurs, je vous présente mademoiselle Lasthénie, forte amoureuse, chantant la comédie et jouant l'opéra à volonté... *(Chantant.)*

Elle a longtemps parcouru le monde !
Ex-premier sujet au théâtre de l'Odéon.

LASTHÉNIE. Où j'étais engagée avec mon mari.

BOUSCULOT. Mademoiselle a un mari.

THÉOPHILE. Comment ! si elle a un mari !.. elle en a même eu... *(Elle le pince.)*

LASTHÉNIE. Oui, Monsieur ; un petit qui joue les grandes utilités...

THÉOPHILE. Nous le laissons derrière nous, parce qu'il est très-gênant, cet oiseau-là..... il nous suit avec le reste de la troupe.

BOUSCULOT. De la troupe?

GAUDIBERT. Vous avez une troupe?

LASTHÉNIE. Complète!

THÉOPHILE. Dont je suis le directeur; rien que ça, mon gros !... et nous allons en avant, Lasthénie et moi, comme échantillons.

BOUSCULOT. Ah! mon Dieu !... et qu'est-ce que vous venez faire ici (2) ?

LASTHÉNIE. Mais donner des représentations...

GAUDIBERT. Miséricorde !

THÉOPHILE. Vous en demandez quarante..... vous en aurez cinquante, c'est dit...

BOUSCULOT. Mais je n'en veux pas du tout.

THÉOPHILE. Tu dis?

BOUSCULOT. Pas du tout.

1 B. L. T. G.

2 L. B. T. G.

THÉOPHILE. J'ai, ma foi ! bien entendu.

LASTHÉNIE. Mais vous nous attendiez !...

BOUSCULOT. J'attendais... j'attendais... ce n'était pas vous que j'attendais !

THÉOPHILE ET LASTHÉNIE. Mais qui donc !

BOUSCULOT. Mais des danseurs espagnols !

LASTHÉNIE. Encore !... Nous les trouverons partout !

THÉOPHILE, *donnant des bourrades à Bousculot.* Gredin ! gueux ! ingrat !

BOUSCULOT. Mais laisse donc ! tu me fais mal.

THÉOPHILE. Est-ce que tu crois que tu me fais du bien, toi !.. Quand nous venons t'apporter le secours de nos talents flambants et ambulants....

LASTHÉNIE. Et un répertoire ficelé !

BOUSCULOT. Mais qu'est-ce que vous voulez que j'en fasse de votre répertoire et de vos talents, dans une ville où l'on se soucie de Racine et de Molière comme d'un verre d'eau sans sucre ? Enfin, mon bon, enfin... c'est au point que Rachel... la grande Rachel... Rachel !

THÉOPHILE. Oui... Rachel... je sais...

LASTHÉNIE. Après ?

BOUSCULOT. Elle nous a donné une représentation d'*Andromaque* le mois dernier.... en passant... *Andromaque* et Rachel... la grande Rachel... Rachel....

THÉOPHILE. Eh bien ?

BOUSCULOT. Eh bien ! elle n'a fait que soixante-quinze francs quarante centimes.

GAUDIBERT. Et encore on a trouvé un bouton dans la recette.

THÉOPHILE. Eh bien ! qu'est-ce que ça prouve ? que la tragédie est finie, et que Rachel n'a qu'une corde à son arc... Mais nous, mon vieux, nous t'apportons le drame de feu mon théâtre... *Les Mousquetaires*, cristi !... *Monte-Cristo*, cristi ! des pièces qui ne finissent pas ! Nous avons surtout une grosse qui joue la *Tour de Nesle* !... quel nanan !

BOUSCULOT. Merci ! je sors d'en prendre !

LASTHÉNIE. Nous joignons à cela les comédie de Scribe, les proverbes de Musset, les farces du Palais-Royal.

BOUSCULOT. Mais, mes enfants, Grassot, le grand Grassot, cet homme immense !... ne nous ferait pas faire recette !

THÉOPHILE. C'est inouï !... mais je te jouerai l'opéra, moi... j'ai un succès fou dans la *Dame Blanche.* (*Chantant.*)

Ah ! quel plaisir d'être soldat...

Couac !...

Cette main, cette main si jolie...

Couac !...

BOUSCULOT. Ils détestent la musique !

THÉOPHILE. Cuistres !

LASTHÉNIE. Mais c'est donc une ville de nourrices, de mathématiciens et de capucins ?

THÉOPHILE. C'est un trou.. et tu nous flanques à la porte !

BOUSCULOT. Non, mais je vous conseille de rejoindre votre troupe....

GAUDIBERT. Et de pousser ailleurs !

LASTHÉNIE. Mais où ? mais où ?

THÉOPHILE. Oui, z'où ?

BOUSCULOT. Z'où vous voudrez.

SCÈNE V.

LES MÊMES, ANODINE, BUSCAMBILLE, *portant un déjeuner sur un plateau* (1).

ANODINE. Papa ! papa ! ah !...

THÉOPHILE. Papa ! Ah ! c'est ta fille... Tu es bien heureux ! tu as le moyen d'avoir des enfants....

ANODINE. Voici ton déjeuner... et une lettre.

BOUSCULOT, *prenant la lettre.* Ah ! donne !..

THÉOPHILE, *prenant le déjeuner.* Permettez, jeune homme ! (*Il se met à la table qui est à droite.*)

BOUSCULOT. D'Épernay ! c'est d'Épernay !

GAUDIBERT. C'est d'eux...

THÉOPHILE, *ouvrant un pâté.* C'est d'oie ! de foie gras ! de foie gras !...

LASTHÉNIE. Ah ! Théophile, c'est bien funambule, ce que tu fais là (2) !

THÉOPHILE, *la bouche pleine.* Ah ! c'est toujours ça de gagné !

LASTHÉNIE. Au fait, bah !

ANODINE. Tiens ! ils ne se gênent pas !

BOUSCULOT, *poussant un cri.* Ah ! saperlotte !

THÉOPHILE. Qu'est-ce qu'il y a !...

LASTHÉNIE. Il étrangle.

GAUDIBERT. Directeur !

BOUSCULOT, *dans les bras de Gaudibert.* Ruiné ! assassiné ! je suis mort ! (*La lettre lui échappe et tombe.*)

ANODINE. Papa !

GAUDIBERT. Ah ! mon Dieu !

BOUSCULOT, *se relevant vivement.* Ou plutôt, non... (3) un cheval !.. un wagon !.. une diligence !.. mon théâtre pour un wagon !

LASTHÉNIE. La tête n'y est plus...

GAUDIBERT. Ils vous écrivent donc...

BOUSCULOT, *pleurant.* Gaudibert, mon ami, fais suspendre la location, mets une bande sur l'affiche, annonce la remise à demain... par indisposition... Je cours...

ANODINE. Tu es dérangé, papa ?

BOUSCULOT. Ma fille !.. ma pauvre enfant !.. décommande le souper.

THÉOPHILE ET LASTHÉNIE, *déjeunant.* Mais enfin !

1 L. A. B. T. G.

2 G. B. A. L. T.

3 G. B. A. L. T.

BOUSCULOT. Allez-vous-en au diable! (*Il sort en courant.*)

THÉOPHILE. Malhonnête!

SCÈNE VI.

THÉOPHILE, LASTHÉNIE, GAUDIBERT, ANODINE (1).

GAUDIBERT. Ah çà! qu'est-ce que ça veut dire?...

ANODINE. Il lui arrive un malheur...

GAUDIBERT, *ramassant la lettre.* Ah! cette lettre!...

LASTHÉNIE, *se levant.* C'est une lettre où on lui demande de l'argent, bien sûr (2).

THÉOPHILE. De l'argent! qu'il ne compte pas sur moi, le drôle!

GAUDIBERT, *poussant un cri.* Ah! j'y suis!.. je suis mort!.

THÉOPHILE, *déjeunant toujours.* Eh bien! bon-homme!.. bonhomme!..

ANODINE, *soutenant Gaudibert.* Lui aussi?..

LASTHÉNIE, *prenant la lettre.* Voyons! (*Lisant.*) « Mon cher confrère, ne comptez plus sur nos « danseurs; ils partent ce soir pour Ostende, où « ils vont s'embarquer sur le *Fanny-Essler*...On « les attend à New-York demain soir... Signé « Toutabas, directeur d'Épernay. »

GAUDIBERT. Plus de danseurs!

ANODINE, *pleurant.* Là! mon mariage est flambé (3)!

THÉOPHILE, *se levant et gimbadant.* Ils ne viennent pas! c'est bien fait!.. c'est pain béni!.. Tra, la, la, la! au diable le fandango! le boléro! tra, la, la, la!

GAUDIBERT. C'est mal, ce que vous dites là! c'est très-mal! car, enfin, il est ruiné, son théâtre est fermé, sa subvention supprimée... et vous n'y gagnerez rien. (*Il sort.*)

THÉOPHILE, *à Anodine.* Mais, ma chère en fant...

ANODINE, *lui donnant un soufflet.* Laissez-moi vilain! (*Elle sort.*)

SCÈNE VII.

THÉOPHILE, LASTHÉNIE, ensuite ÉDOUARD, BERGAMOTTE, ACTEURS, ACTRICES.

THÉOPHILE (4). Ah! cristi! quelle taloche!..

LASTHÉNIE. Ah! ce pauvre homme! il me fait de la peine!...

THÉOPHILE. Toi, tu es trop sensible! je te l'ai toujours dit... c'est la sensibilité qui te perdra. (*Il se remet à table.*)

LASTHÉNIE. Hélas! (*Elle se remet aussi à table. La troupe de Théophile entre par le fond, à droite.*

1 G. A. L. T.
2 A. G. L. T.
3 L. A. G. T.
4 L. T.

CHŒUR.

Air :

Voilà le théâtre enfin
Où notre triomphe est certain!
C'est ici, grâce à notre talent,
Que la fortune nous attend!

LASTHÉNIE. Ah! les voilà (1)! (*Ils viennent tous prendre un morceau au déjeuner.*)

ÉDOUARD, *entrant avec Bergamotte à son bras.* Eh bien! merci!... vous allez bien!...

THÉOPHILE. Arrivez donc, clampins!

BERGAMOTTE. Ne m'en parlez pas. (*A Lasthénie.*) C'est un charriot embourbé que ton mari, ma chère... il n'avance pas!

ÉDOUARD. Je crois bien, avancez donc avec Ma-dame sur les bras!

THÉOPHILE, *se levant.* Dame! je vous avais dit de mettre tous les paquets au roulage.

BERGAMOTTE. Oh! c'est vieux, des plaisanteries sur mes avantages physiques!...

LASTHÉNIE. Eh mais! nos ténors et nos amou-reuses!.. où sont-ils donc?

ÉDOUARD. Je n'en sais rien!

BERGAMOTTE, *riant.* Ils se perdent toujours!

THÉOPHILE. Oh! les tourtereaux!...

ÉDOUARD. Ah çà! mais vous... qu'est-ce qu'il y a de nouveau?

BERGAMOTTE. Vous avez vu le directeur?

THÉOPHILE (2). Parbleu!

TOUS. Eh bien!

THÉOPHILE. C'est un chenapan.

ÉDOUARD. Ah bah! il vous a dit...

LASTHÉNIE. De filer notre nœud plus loin.

THÉOPHILE. Tu peux reprendre ton paquet.

TOUS. On ne veut pas de nous!

ÉDOUARD. Toujours la même rengaine!.. Comme ça il faut repartir.

TOUS. Partir!... partir!...

THÉOPHILE. Eh bien! non... il ne dépend que de vous de rester!..

TOUS. Comment ça?

THÉOPHILE, *montant sur une chaise.* Mes en-fants, écoutez-moi!.. (1) Depuis cinq minutes il me pousse une idée superlificoquentielle! Avez-vous du cœur?

TOUS. Du cœur!

BERGAMOTTE. Je n'ai que ça!

THÉOPHILE. Oui, mais du cœur dans les jambes!

ÉDOUARD. Pour filer?

THÉOPHILE. Eh non! cristi! Savez-vous pour-quoi on ne veut pas de vous?.. c'est qu'on attend des danseurs espagnols!..

TOUS. Encore!

ÉDOUARD. Ah çà! il n'y a donc plus de patrio-tisme en France!... avec leurs Espagnols!..

1 E. B. L. T.
2 E. B. T. L.
3 E. B. T. L.

BERGAMOTTE. Cosaques, va !...

LASTHÉNIE. Mais ils ne viennent pas, leurs danseurs !..

THÉOPHILE. Non !.. et c'est là que je les pince ! Prouvons à ces oies qu'avec du talent nous pouvons être tout, tout, tout !... et puisque, pour leur plaire, il faut être d'Andalousie... soyons Andaloux, cantaloux !.. tout !

LASTHÉNIE. Voilà !

ÉDOUARD. Compris...

TOUS. Bravo !

BERGAMOTTE. Permettez ! moi une reine, une Lucrèce Borgia !..

THÉOPHILE. Blagueuse, va !

LASTHÉNIE. Tiens ! au fait, ces fameux Espagnols, je les ai vus à Paris !

TOUS. Et moi aussi !..

LASTHÉNIE. Même que je les ai étudiés au Gymnase.

BERGAMOTTE. Et moi aux Variétés...

ÉDOUARD. C'était du propre !

LASTHÉNIE. Mais je n'oserai jamais...

THÉOPHILE. Grand enfant ! comme disait un illustre orateur... qu'est-ce qu'il faut pour réussir ? du toupet ! du toupet ! et encore du toupet !...

ÉDOUARD. Du toupet, c'est-à-dire du jarret. J'en ai ; et vous, la grosse ?

BERGAMOTTE. Fi donc ! je pratique le drame, je ne descendrai pas jusqu'à la danse !

THÉOPHILE, *descendant*. Bah ! tu n'as qu'à danser avec feu... le feu purifie tout !

ÉDOUARD, *apercevant le coffre*. Justement, voilà des costumes (1).

LASTHÉNIE. Oh ! d'abord, ne comptez pas sur moi....

BERGAMOTTE. Sur moi non plus !.. Par exemple ! montrer ma tête, je ne dis pas... mais mes jambes... jamais !

THÉOPHILE, *jetant sur la tête de Lasthénie un grand voile noir du coffre*. Voyez, comme elle serait séduisante en Espagnole, cette créature-là.... (2).

BERGAMOTTE. Donnez-m'en un !

ÉDOUARD. O Lasthénie, tu es belle comme une recette de mille écus !

LASTHÉNIE. D'ailleurs, pour ces cachuchas-là, il faut des principes !...

THÉOPHILE. Les principes, c'est la balançoire perfectionnée... accompagnée de grands airs de tête et de grands coups de hanches. Attention ! voyez-moi ça !... (*Il exécute les mouvements qu'il indique, et tous les autres l'imitent. Avancez ferme.... bien ! regardez les avant-scènes fièrement ! comme si vous disiez... halte-là, re-

gardez, mais ne touchez pas !... allez... bon !.. face au public... levez la jambe.

BERGAMOTTE. Comme ça ?

THÉOPHILE. Plus haut.

LASTHÉNIE. Comme ça ?

THÉOPHILE. Plus haut, la pointe du pied à la hauteur de l'œil...

ÉDOUARD, *arrêtant Lasthénie*. Hein ! hein !... c'est que, dis donc... tu es habillé, toi.

THÉOPHILE. C'est juste !... on les habillera.... on les ouettera... on les emmaillotera... vous tournerez, vous pirouetterez... et toujours face au public, c'est le truc des danseuses. Ainsi voilà qui est dit, nous sommes tous des segnores, des segnoritas pur sang !...

TOUS, *excepté Bergamotte et Lasthénie*. Oui, oui, c'est convenu.

ÉDOUARD. Ah ! bien, oui... mais l'espagnol que nous ne savons pas !...

TOUS. C'est juste !

THÉOPHILE. Hein ! vous ne savez pas... ils ne savent pas l'espagnol ! mais ni moi non plus... ni les indigènes de cette localité non plus ! Nous parlerons espagnol comme les génisses espagnoles parlent français... le tout saupoudré d'un méli-mélo d'anglais, d'allemand, d'auvergnat et de néerlandais... ça fera un petit espagnol bien gentil. (*Rire général.*)

ÉDOUARD. Gredin, va ! quel bilboquet il ferait... mais...

BERGAMOTTE. On se dispute !...

THÉOPHILE. Eh vite !... sortez tous. (*Montrant le coffre.*) Emportez-moi ça... et faites invasion dans les loges !

LASTHÉNIE. Comme vous voudrez, mais je ne danserai pas.

BERGAMOTTE. Ni moi.

CHŒUR.

Air : *El Boléro*

Pour un comédien
    Rien
N'est difficile
S'il est habile
Dans son art ;
    Car,
Plaire au parterre
Est son affaire
Et son seul but.
    Chut !
Plus de faiblesse,
Qu'on se presse,
Il s'agit de gloire et d'écus !
Point de refus.

(*Ils sortent tous par la droite. Théophile s'arrête en voyant entrer Anodine.*)

---

1 B. T. E. L.
2 B. T. E. L.

SCÈNE VIII.

ANODINE, THÉOPHILE.

ANODINE, *entrant en pleurant.* Hi! hi! hi!.. Je ne me marierai pas (1).

THÉOPHILE. Vous vous désolez encore! (*Il l'embrasse.*)

ANODINE, *pleurant.* Pardine! mon mariage manque... comme les quinze représentations.

THÉOPHILE, *l'embrassant.* Elles ne manquent pas....

ANODINE. Mais puisqu'on ôte les affiches.

THÉOPHILE, *de même.* Qu'on n'ôte rien!

ANODINE. Mais on va fermer le bureau!

THÉOPHILE, *de même.* Qu'on l'ouvre à deux battants!..

ANODINE. Mais puisque papa est perdu.

THÉOPHILE, *de même.* Je le repêcherai. (*Sortant en courant.*) Mais il me paiera, le gueux!

~~~~~~~~~~~~~~~~~~~~~~~~~~~~~~~~~~~~~

SCÈNE IX.

ANODINE, GAUDIBERT, VICTORIN, BLANCMIGNON (2).

GAUDIBERT. Et allez-vous-en tous au diable!

VICTORIN, *son cor à la main* ET BLANCMIGNON. Mais c'est affreux!

ANODINE. Ah! vous savez tout, monsieur Victorin?...

VICTORIN. Pardine! maman sait tout aussi... et moi qui venais près de vous, Mam'selle, avec mon cor...

GAUDIBERT. Ah! bien oui, votre cor, qu'est-ce que vous voulez qu'on en fasse à présent (3)?

ANODINE. Mais, monsieur Gaudibert, ce Monsieur, qui était ici avec ses camarades... il dit qu'il nous sauvera.

GAUDIBERT. Ah! oui, avec sa troupe et ses drames... c'est le public qui se sauvera plus vite.

BLANCMIGNON, *entrant.* Où est-il? où est-il? que je le traite comme il le mérite!

GAUDIBERT. Qui ça? le directeur...

ANODINE. Papa!

BLANCMIGNON. L'intrigant qui m'a trompé! moi le père des arts, moi qui cours la ville depuis ce matin, pour annoncer des danses espagnoles, andalouses, des peluras del orangeas! et puis maintenant, brrrr... votre serviteur de tout mon cœur... des danseuses comme sur la main! il faut que je rentre mon enthousiasme qui me sortait par tous les pores!

GAUDIBERT. Oh!

BLANCMIGNON. Oui, régisseur, par tous les pores! et la preuve, c'est que j'avais prévenu les mem-

1 T. A.
2 A. V. G.
3 V. A. Bl. G.

bres du conseil... et qu'ils sont là pour assister à la répétition, qui n'aura pas lieu.

Air des Amazones.

Je leur disais : des danseuses charmantes
Vont répéter tous leurs pas devant nous ;
Elles auront des robes peu montantes
Et leurs jupons vont à peine aux genoux (*bis*).
Et quand ils sont transportés, quel mécompte !
De les calmer, moi, je suis hors d'état.
C'est dire à l'Océan qui monte,
Mon vieux, retombe au calme plat !

(*A Victorin.*) Qu'est-ce que tu fais là, toi? (*A Anodine.*) Ça ne se fera pas, Mademoiselle, ça ne se fera pas!

ANODINE. Mais puisque papa vient de partir pour Épernay.

BLANCMIGNON. Il est parti! eh bien! il a bien fait! car ici l'indignation générale le pulvériserait... Je vais rejoindre le conseil.

VICTORIN. Mais, mon oncle...

BLANCMIGNON. Mais toi, grand imbécile, retourne à ton chantier.

GAUDIBERT. Attendez!

ANODINE. Mais... (*Victorin fait un couac avec son cor.*)

BLANCMIGNON. Laissez-moi! je vais... (*Blancmignon va pour sortir et se trouve en face de Théophile et d'Édouard.*)

~~~~~~~~~~~~~~~~~~~~~~~~~~~~~~~~~~~~~

SCÈNE X.

LES MÊMES, THÉOPHILE, ÉDOUARD (1).

(*Ils sont enveloppés de manteaux qui couvrent leurs costumes de danseurs ; ils ont des résilles sur la tête et tiennent de grands chapeaux.*)

THÉOPHILE, *saluant Blancmignon.* Le signor qui être le director, if you please?

BLANCMIGNON, *reculant.* Qu'est-ce que c'est que ça?..

ÉDOUARD. Volez-vos dire à nos où être le directoros, s'il vous plaito?

ANODINE. Ah! mon Dieu!

THÉOPHILE. Good mornig, segnorita! (*Bas.*) Taisez-vous!

VICTORIN, *les examinant.* Tiens! tiens! ces physionomies étrangères.

BLANCMIGNON. Ces filets sur leur tête... comme Figaro!

ÉDOUARD. Nos bons Espagnols chercher petit directoros à nos.

BLANCMIGNON ET VICTORIN. Des Espagnols?

GAUDIBERT. Ah! bah!

THÉOPHILE. Very-well!

ÉDOUARD. Ya mein herr. (*Bas, à Gaudibert.*) Chut!

GAUDIBERT. J'y suis.

1 V. A. T. Bl. E. G.

BLANCMIGNON. Comment! vous êtes Espagnols?

THÉOPHILE. Yes.

VICTORIN. Les danseurs espagnols, peut-être?

ÉDOUARD, à Blancmignon. Nous venir pour les représentationas.

THÉOPHILE. Yes! pour les représentionas.

BLANCMIGNON. Pour les représentationas! les représentations... Je comprends! serait-ce au signor Cascarillo di Flascados que j'ai l'honneur...

THÉOPHILE. Si signor, effectivementos! moi être le signor, comme vous dites.

ANODINE. Mais, non! (Théophile lui prend la main et la fait taire.)

BLANCMIGNON. Au fait! que chantait donc votre lettre? (Aux autres.) Ils ne comprennent pas. Je dis que chantait donc...

THÉOPHILE ET ÉDOUARD. Nous demandabos le directoros.

BLANCMIGNON. Ils ne comprennent pas!

VICTORIN. Le directoros! mais il est allé vous chercher (1).

BLANCMIGNON. Oui, à cause de votre lettre. La lettre qui lui annonçait votre départ pour New-York... la lettre... la lettre...

ÉDOUARD. Las lestrás?

THÉOPHILE. Ah! las lestras!

BLANCMIGNON. Oui... las lestras. (Aux autres.) Il paraît que c'est espagnol. (Répétant.) Vostras lestras!

THÉOPHILE. J'entends perfecty very goud! vous demandabos ce que chantait las lestras. (À Édouard.) L'observatione de ce segnor être perfecty very goud : vous recevas unas lestras qui disabo à vo qu'on arriverato pas, et on arrivato... l'observatione est perfecty very good.

ÉDOUARD. Yes! ya! ya!

BLANCMIGNON. Eh bien?

THÉOPHILE ET ÉDOUARD, ensemble. Nous demandabo le directoros.

BLANCMIGNON. Je n'y suis plus du tout.

GAUDIBERT. Eh bien! quoi! c'est clair... on nous a trompés ou ils se sont ravisés... là! enfin les voilà.

ANODINE. Oui, les voilà!

BLANCMIGNON. Parbleu! je vois bien que les voilà! mais les autres... (S'adressant à eux.) Vos camarades! la troupe... les femmes... les femmes! la troupas! (Édouard et Théophile se regardent.) Ils ne comprennent pas!

VICTORIN (2). Monsieur vous demandabo! les signoritas... les alteros... je leur parle latin... les alteros pour la dansas... vous savez la dansas... (Il danse.)

THÉOPHILE. Oh! ya, very good! les signoritas pour les petitos fandangotinos. (Il danse et donne des coups de pied à Blancmignon.)

ÉDOUARD. Yes! yes! las signoritas à nos... pour les... (Il danse en donnant de même des coups de pied à Blancmignon.)

BLANCMIGNON, reculant. C'est ça! c'est ça! eh bien!..

THÉOPHILE ET ÉDOUARD. Nos demandabos le directoros.

BLANCMIGNON. C'est à se casser la tête contre un mur.

GAUDIBERT. L'essentiel c'est qu'ils arrivent... et que les autres doivent les suivre... pour les représentations.

THÉOPHILE. Les représentationas.... yes, yes!

VICTORIN. Voyez-vous?

GAUDIBERT. Par bonheur, les affiches ne sont pas enlevées.

ANODINE. Le bureau n'est pas fermé.

BLANCMIGNON. Et ces messieurs sont encore là, je cours.

<hr>

SCÈNE XI.
LES MÊMES, BOUSCULOT (1).

BOUSCULOT, rentrant désespéré. Pas de convoi avant sept heures du soir.

BLANCMIGNON. Ah! c'est vous!

VICTORIN. Votre papa.

THÉOPHILE ET ÉDOUARD. Ah! cristi!

BOUSCULOT, sans les voir. Pas de départ! je suis un homme perdu.

GAUDIBERT, toussant. Hum! hum!

ANODINE. Mais papa!

BOUSCULOT. J'ai eu l'idée de m'envelopper dans les draps humides de la rivière, comme dit Mercadet, mon patron.

BLANCMIGNON. Mais pourquoi? mais puisque vos danseurs sont arrivés?

TOUS. Mais oui! mais oui!

BOUSCULOT. Allons donc! vous vous fichez d'un malheureux, c'est inf... (2).

THÉOPHILE ET ÉDOUARD, le saluant. Nos demandabos le directoros.

BOUSCULOT. Le directoros... je... (Riant.) Ha! ha! ha! quelle mauvaise plais... (Théophile le pince.) Aïe!

BLANCMIGNON. Hein? vous ne les reconnaissez pas?

BOUSCULOT. Si fait! je les reconnais!

GAUDIBERT. Parbleu!

<hr>

SCÈNE XII.
LES MÊMES, LASTHÉNIE, BERGAMOTTE, toute la troupe, vêtue à l'espagnole; les femmes sont enveloppées dans leurs châles, avec des man-

<hr>

1 A. V. T. Bl. E. G.
2 A. V. T. Bl. E. G.

1 A. Bl. B. T. E. G.
2 V. A. Bl. G. B. T. E.

tilles sur la tête; Lasthénie et Bergamotte se placent de chaque côté de Blancmignon; ils entrent sur un air de cachucha.)

THÉOPHILE. Voilà les camaradas !

ÉDOUARD. Les segnoritas !..

BLANCMIGNON. Oh! des Espagnoles (1)... avec leurs mantilles!.. Madama est sans douta la segnora Pelura... del Orangea.

LASTHÉNIE. Ya !

BLANCMIGNON, *à part.* Oh! rien que de la voir, ça me fait un effet.

THÉOPHILE, *présentant Bergamotte.* Eccolo la grossas Boulottinas...

ÉDOUARD, *en présentant une danseuse.* La segnora Risettapapa (2).

THÉOPHILE, *de même.* La signora Clignotellas.

GAUDIBERT. Et ils sont tout prêts pour la répétition...

ANODINE. Il faut qu'ils se soient habillés chez eux...

ÉDOUARD, *s'oubliant.* Oui, je vas vous dire, nous nous sommes... (*Lasthénie, qui fait des battements, lui donne un coup de pied.*) Nos sommos toujours habillatados d'avança.

VICTORIN. Ils vont commencer !

BLANCMIGNON. En ce cas, je vais prévenir ces messieurs, avant le vote sur la subvention. (*Regardant Lasthénie.*) Adios!.. adios!.. mon Dieu! qu'elle est jolie cette créature-là !

LASTHÉNIE. Ne regardaté pas moi avec ces œillos dangerouss... je suis intimiditade.

BLANCMIGNON, *lui prenant la taille.* Oh! adios. (*A part.*) Je la touche !

ÉDOUARD, *se plaçant entre eux.* La segnorita est la femmas à moi.

BLANCMIGNON. Hein !

THÉOPHILE, *de l'autre côté.* Ne l'irritates pas... c'est le marito... jalouto.

BLANCMIGNON. Le marito!.. sa femmas!.. c'est le mari!.. voilà que je comprends l'espagnol!.. je reviens avec les autres... mais surtout ne commencez pas sans nous. (*Il sort.*)

GAUDIBERT. Eh! vite, Victorin, allez prévenir l'orchestre !

VICTORIN. Oui!.. oui!.. (*Il sort.*)

SCÈNE XIII.

THÉOPHILE, LASTHÉNIE, ÉDOUARD, BERGAMOTTE, BOUSCULOT, GAUDIBERT, ANODINE, LA TROUPE (3).

BOUSCULOT. Ah çà! mais je n'en reviens pas encore... comment, c'est toi !

1 V. A. G. Berg. T. Bl. L. E. B.
2 V. A. G. Berg. T. Bl. E. L.
3 A. G. Berg. T. B. E. L.

GAUDIBERT. Chut ! (*A Anodine.*) Fais le guet, petite ! (*Elle sort.*)

THÉOPHILE. Oui, c'est moi qui viens avec mes camarades... de tout sexe... te tendre la perche de l'amitié, quoique tu nous aies flanqués à la porte.

BOUSCULOT, *lui serrant la main.* Ah! mon ami! ah! mon sauveur !

BERGAMOTTE, *faisant des battements.* Nous oublions pour vous notre dignité dramatique, mon cher !..

BOUSCULOT. Mais, pour danser, comment ferez-vous?

LASTHÉNIE, *dansant.* Nous danserons.

TOUS, *dansant.* Voilà !

THÉOPHILE. Et nous mettrondos dedandos tous les cornichonos de cette villas!.. mais à condition que tu nous paieras comme les Espagnols.

BOUSCULOT. Permettez, je ne puis pas...

THÉOPHILE. Alors, je t'abandonne!..

ÉDOUARD. Nous partons !

TOUS. Oui, tous! (*Ils font un mouvement comme pour s'en aller.*)

ANODINE, *accourant.* Les voici !

GAUDIBERT. Ciel !

BOUSCULOT. Restez.

BLANCMIGNON, *dehors.* Venez, mes chers collègues, venez !

THÉOPHILE, *revenant avec ses camarades.* Tu consens?

BOUSCULOT. A tout !..

LASTHÉNIE. Mais, dites donc... et des castagnettes?

BERGAMOTTE. Ah! oui... des castagnettes !

THÉOPHILE. Diable! c'est juste...

BOUSCULOT. Ah !.. dans le fond du coffre! va voir, Gaudibert.

GAUDIBERT. Je cours les chercher !

BERGAMOTTE. Mais! permettez!.. des castagnettes... qui est-ce qui en jouera?

LASTHÉNIE. Moi, je joue un peu de tout.

SCÈNE XIV.

LES MÊMES, BLANCMIGNON, CONSEILLERS.
(*MM. Vilain et Pastouret. A l'entrée des conseillers toute la troupe s'exerce.*)

BLANCMIGNON (1). Venez, vous allez vous trouver en pleine Espagne !

BOUSCULOT, *à part, pendant qu'ils entrent en saluant.* Mon Dieu! pourvu qu'ils n'aillent pas se douter!.. je tremble de tous mes membres.

ÉDOUARD, *bas, aux autres.* Ah! les bonnes têtes! j'en ai vu comme ça sur des cannes!.. (*On rit.*)

BLANCMIGNON, *montrant Lasthénie.* M. Pas-

1 Berg. T. E. B. L. Bl. G.

touret, c'est la Pelura... hein ? comme c'est fait...
et quelle étoffe... (*Il va pour toucher, Édouard
lui donne un coup sur les doigts.*) Ah ! c'est le
mari !

ÉDOUARD, *saluant.* Si segnor, bon Espagnol.

BLANCMIGNON, *bas.* Un jaloux !.. mais bah !..
(*Présentant Théophile.*) Voici le chef, le directeur
et l'interprète de la troupe... il entend très-bien
le français... (*A Théophile.*) N'est-ce pas?

THÉOPHILE, *saluant.* Per dansare ce soir, il serait tempo de pensare à répétare.

BOUSCULOT, *au milieu d'eux.* Il dit qu'il est
temps de répéter : vous allez voir, Messieurs, la
grande danse del Capello', le passo del Jaleo, del
Polco, et autre cachuchas. Soyez juges de mes ef-
forts, de mes sacrifices pour plaire à cette grande
cité !

LES CONSEILLERS. Très-bien ! très-bien !

SCÈNE XV.

LES MÊMES, VICTORIN.

VICTORIN. Tous les musiciens sont arrivés et
placés... quand vous voudrez...

BOUSCULOT. Voulez-vous commencer ?

THÉOPHILE. Tout de suitas ? (*Aux danseurs.*)
Allonso ! allonso ! en plaças.

GAUDIBERT, *entrant.* Voici les castagnettes !

BLANCMIGNON. Vite ! placez-nous, mon cher directeur, placez-nous ! (*S'approchant de Lasthénie, bas.* Vous êtes adorable ! je vous aime !

LASTHÉNIE. Moi, Monsieur.

THÉOPHILE, *toussant.* Hum ! hum ! (*Il remonte.*)

LASTHÉNIE. Adoucias, segnorito.

BLANCMIGNON. Oh ! permettez moi de vous dire
au revoir. (*Tendrement.*) Au revoir ! (*Lasthénie
remonte.*)

ÉDOUARD, *qui est arrivé entre eux.* Au revoir
tant que vous vouloir... dans la sallos à l'orches-
tro pour cinq franco, pris au bureau !.. mais ici,
pas ! ou je vous casserai les reinos... moi, bon
Espagnol, dire ça à vous ! (*Il remonte à son
tour.*)

BLANCMIGNON, *à part.* Cet animal-là, il se dit
toujours bon Espagnol, et il est mauvais comme un
tigre ! (*Il va se placer à droite, près de Bousculot. MM. Vilain et Pastouret se mettent en face,
à droite.*)

VICTORIN. Dites donc, mademoiselle Anodine,
j'ai placé maman dans la salle, dans une bai-
gnoire... pour voir la répétition... ça la décidera.

ANODINE, *riant bêtement.* Tiens ! vous croyez
donc à ça, vous?

VICTORIN. Comment, à ça?

ANODINE. Dis donc, papa, il croit que c'est vrai !

BOUSCULOT. Mais, veux-tu !.. allez, Victorin, à
l'orchestre ! (*Avec colère, à Anodine.*) Si tu dis
un mot je te déshérite.

ANODINE. Ça m'est bien égal ! tu n'as rien ! (*Victorin sort par la gauche; les conseillers sont
placés; Bousculot est près de Blancmignon; Gaudibert et Anodine sont dans les coulisses, à gauche;
Lasthénie, Édouard, Bergamotte et Théophile
sont sortis; le reste de la troupe exécute un pas
très-court qui sert d'introduction; ensuite
Édouard, un autre danseur et deux danseuses
entrent et dansent un boléro.*)

BLANCMIGNON, *parlant aux membres qui sont
de l'autre côté de la scène.* Monsieur Vilain? dites
donc, quels jolis costumes! comme ça les pince!..
j'ai pourtant porté des culottes comme ça, moi,
sous l'Empire.

VILAIN. Ils sont magnifiques... magnifiques!

BOUSCULOT. Et très-chers!

BLANCMIGNON. Dites donc, Vilain, sont-elles
gentilles ces petites !

VILAIN. Très-gentilles! (*A la fin de ce pas, les
conseillers, Blancmignon et Bousculot applaudis-
sent.*) Très-bien! très-bien! (*Entrée de Bergamotte et de Lasthénie; elles n'ont plus leurs châles
et sont en costumes de danseuses espagnoles; elles
entrent en se tortillant et en portant la tête à
droite et à gauche vers les avant-scènes.*)

BLANCMIGNON. Oh! la Pelura!

BOUSCULOT. Ceux-ci sont payés double! (*Théophile entre à son tour avec son manteau sur l'é-
paule.*)

BLANCMIGNON. Oh! comme ils sont bien!..

VILAIN. L'homme surtout!

THÉOPHILE. Et pas de cotonos!

BLANCMIGNON. Hein?

BOUSCULOT. Il dit qu'il n'y a pas de coton.

VILAIN. Il est fait comme un ange. (*Théophile
jette son manteau que Gaudibert place avec les
autres manteaux, derrière les chaises de Vilain
et de Pastouret; Théophile, Bergamotte et Lasthénie exécutent une danse espagnole un peu
chargée.*)

BLANCMIGNON, *montrant Bergamotte.* Dites
donc, Vilain, comme cette grosse est légère, elle
est cependant très-chargée.

BERGAMOTTE, *pendant que Théophile danse avec
Lasthénie.* Je sue à grosses gouttes. J'aimerais
mieux jouer *Lucrèce Borgia.* (*Elle tourne autour
de Théophile qui est à genoux.*)

BLANCMIGNON. Voyez donc ! on dirait qu'elle a
des mies de pain dans le dos! (*Lasthénie danse
près de Blancmignon.*)

BLANCMIGNON. Oh! la Pelura ! oh! c'est délirant
brava! brava !

LES CONSEILLERS *se lèvent.* Bravo ! bravo!

BLANCMIGNON. Bravissimo!.. (*Ils sont entraînés
par le mouvement et finissent par danser avec les
danseurs; Blancmignon tombe aux genoux ed*

Lasthénie ; tous les autres font berceau au-dessus de sa tête ; Bergamotte en s'appuyant sur lui, l'écrase ; il pousse des cris, la danse cesse.)

BLANCMIGNON ET LES CONSEILLERS. Très-bien... très-bien... ravissant !

BOUSCULOT. Le conseil est-il content ?

VILAIN ET PASTOURET. Ravi, enchanté !

BLANCMIGNON. Nous doublerons la subvention !..

BOUSCULOT. Ah ! Messieurs·

LASTHÉNIE. Fich..

THÉOPHILE, *achevant le mot.* Tros !

BLANCMIGNON, *aux conseillers.* Allez, mes chers collègues, allez vous former en séance, je vous suis !

LES CONSEILLERS, *aux danseurs.* Messieurs !... Segnoras. . très-bien ! très-bien ! très-bien ! (*Ils remontent pour sortir ; tous les danseurs et les autres personnages les reconduisent, et Blancmignon se glisse à gauche.*)

BLANCMIGNON. Je ne sors pas d'ici avant d'avoir accommodé mes petites affaires avec la Pelura... Je vais la guetter, et quand elle sera seule... Oh ! là ! (*Il se cache sous les manteaux que Gaudibert a placés à gauche.*)

SCÈNE XVI.
THÉOPHILE, ÉDOUARD, BOUSCULOT, BERGA-MOTTE, LASTHÉNIE, Acteurs, Actrices, BLANCMIGNON, *caché sous les manteaux* (1).

TOUS, *redescendant en riant aux éclats.* Ah ! ah ! ah ! ah !

ÉDOUARD, *riant.* Enfoncé les financiers !..

THÉOPHILE, *pouffant.* C'est-à-dire qu'ils ont gobé l'hameçon avec trop de facilité !.. il n'y a plus de mérite !

BOUSCULOT. Pas si haut.

BLANCMIGNON, *à part.* Ils ne parlent plus espa-gnol !

LASTHÉNIE, *riant aux éclats.* Moi... moi qui vous parle, j'ai connu de jeunes canaris et de vieux serins assez bêtes, mais jamais de cette force-là.

BERGAMOTTE. Ma foi ! si toute la ville est comme ça, je m'y implante !.. (*Nouveaux éclats de rire.*)

BLANCMIGNON, *soulevant un coin du manteau.* Qu'est-ce qu'ils disent ?..

ÉDOUARD, *riant.* Et s'ils nous savaient des in-digènes du boulevard du Temple !

THÉOPHILE. Et du faubourg Saint-Germain...

TOUS, *riant.* Ah ! ah ! ah ! (*Théophile en riant tombe sur les manteaux sous lesquels se cache Blancmignon.*)

BLANCMIGNON, *criant.* Vous m'étouffez !

THÉOPHILE, *se relevant vivement.* Il y a un ani-mal là-dessous !

TOUS *s'éloignent en criant.*

BLANCMIGNON, *se découvrant.* Ah ! ah !

1 Bl. T. B. Berg. L. E.

TOUS. Ah ! bah !

BOUSCULOT. M. Blancmignon !

BERGAMOTTE. Le vieux !

THÉOPHILE. Ah ! sapristi !

ANODINE, *riant toujours sans voir ce qui se passe.* Sont-ils bêtes ! ces conseillers ! sont-ils bêtes !...

BOUSCULOT. Tais-toi !

BLANCMIGNON, *retrouvant son souffle.* Ah ! vous n'êtes pas des Espagnols ! ah ! nous sommes des canaris !

BOUSCULOT. M. Blancmignon !

ÉDOUARD. Soyez, gentil papa...

BLANCMIGNON, *reculant.* N'approchez pas... ne touchez pas...

BOUSCULOT. Silence, de grâce !...

THÉOPHILE, *le tapant sur le ventre.* Ne dites rien, vieux !

BLANCMIGNON. Laissez-moi, saltimbanques ! je cours rejoindre mes confrères !...

TOUS, *l'entourant.* Ah !...

BLANCMIGNON. Je vous fais tous flanquer à la porte !...

BOUSCULOT, *suppliant.* Monsieur Blancmignon .

BLANCMIGNON. Et vous aussi ?...

THÉOPHILE, *lui ôtant son chapeau.* Vous n'irez pas !...

BLANCMIGNON, *poursuivant son chapeau, que Théophile passe à Lasthénie.* Mon chapeau !.. Ma-dame, mon chapeau !... (*Lasthénie le passe à Édouard.*) Mon chapeau ! (*Edouard le repasse à Lasthénie. Blancmignon, qui le croit passé aux autres acteurs de la troupe, le cherche parmi eux. Gaudibert entre.*)

SCÈNE XVII.
LES MÊMES, GAUDIBERT.

GAUDIBERT, *accourant.* La queue entre dans la salle !...

BOUSCULOT. Je suis perdu !

LASTHÉNIE, *bas à Théophile, à Édouard et à Bousculot pendant que Blancmignon cherche son chapeau au fond.* Laissez-moi avec lui... je me dévoue.

THÉOPHILE. Ah ! connu ! connu ! (*Il fait éloi-gner tout le monde. Bergamotte montre à Blanc-mignon Lasthénie, qui danse au premier plan devant son chapeau.*)

BLANCMIGNON. Ah ! le voici donc ! (*Bergamotte rejoint les autres qui ont disparu dans les cou-lisses à droite et à gauche. A Lasthénie.*) Madame, je vous ordonne de me restituer...

LASTHÉNIE. Vostro capello, Monsieur, le voilà.

BLANCMIGNON, *allant pour le prendre.* Ah !... donnez...

LASTHÉNIE, *le retirant vivement et faisant un pas.* Vous êtes donc méchant, vous qui me pa-raissiez si gentil ?

BLANCMIGNON. Si gentil!... si gentil!... pour une danseuse, oui... mais à présent... (*Il va pour prendre le chapeau.*)

LASTHÉNIE, *le retirant et se balançant.* A présent... est-ce que l'on n'est plus... ce que vous voyiez? est-ce que l'on n'a plus ce qui vous plaisait?...

BLANCMIGNON. Oh! vous ne m'y prendrez plus avec votre hameçon... je ne suis pas un goujon, Madame... mon chapeau (1)!...

LASTHÉNIE, *passant devant lui.* Est-ce qu'on n'a plus ce pied, cette jambe, cette cambrure... à qui vous demandiez un tête-à-tête?

BLANCMIGNON. Si fait, vous avez toujours...

LASTHÉNIE, *se penchant en le regardant* Et ces prunelles qui vous attiraient à moi... est-ce qu'elles sont éteintes?

BLANCMIGNON. Vous n'êtes pas la Pelura?

LASTHÉNIE. Mais si...

BLANCMIGNON, *étonné.* Allons donc..... vous êtes....

LASTHÉNIE, *balançant toujours.* Cette Pelura qui a fait tourner tous les cœurs à Paris.... à Rouen... à Épernay et autres lieux....

BLANCMIGNON. Comment! ces danseurs espagnols....

LASTHÉNIE. Est-ce qu'il y a des danseurs espagnols?... c'est une banque comme les Chinois... il n'y a que des artistes... qui font poser toute la France... toute la France, excepté vous...

BLANCMIGNON. Plaît-il?..

LASTHÉNIE. Je me disais : il n'a pas l'air bête, ce gros-là... il est bon, il m'aimera... et dès que je pourrai échapper à la surveillance de mon tigre de mari. (*Elle fait une pirouette.*)

BLANCMIGNON. Un gredin qui me pinçait!...

LASTHÉNIE, *balançant.* Je lui dirai tout à ce Blancmignon chéri... il saura, lui, le père des arts, que je suis mieux qu'une simple danseuse... une artiste tragique... réduite à me faire Pelura de la Orangea pour enlever les cœurs. (*Elle fait un jeté en avant.*) Il saura que c'est au sien seul que je tiens... lui seul sera dans notre secret... il se fichera de tout le monde... et personne ne se fichera de lui... (*Soupirant.*) Au contraire, on lui portera envie... car je l'aime. (*Elle fait un chassé devant lui.*)

BLANCMIGNON. Vrai? (*Lasthénie le regarde tendrement.* Vous m'aimez?

LASTHÉNIE, *lui mettant le chapeau sur la tête.* Tenez, Monsieur, prenez votre chapeau... et allez nous perdre. (*Elle lui donne un renfoncement.*) Ingrat!

BLANCMIGNON, *relevant son chapeau.* Si c'était comme vous dites... si vous m'aimiez (2)?

LASTHÉNIE, *minaudant.*
Air :
Non, non, point de gêne,
Ecoutez la haine,
Causez notre peine,
Gardez vot' chapeau.
Que rien ne vous coûte
Bousculot vous r'doute,
Vous s'rez caus' sans doute
Qu'il s' flanquera dans l'eau !
Votre arrêt m'exile,
Il faut que je file ;
Loin de cette ville
J' m'en vais dépérir !
Qu'importe, du courage !
Allez, p'tit sauvage,
Moi, fidèle et sage
Je dois m'en réjouir !
Car déjà votre ardeur
Tout bas me faisait peur,
Et, grâce à vot' rigueur,
Je gard'rai mon cœur !

ENSEMBLE.

LASTHÉNIE, *tendrement.*
Oui, déjà votre ardeur, etc.

BLANCMIGNON, *enivré.*
Non, non, que mon ardeur
Ne te fasse plus peur ;
Pour prix d'une faveur,
Je t'offre mon cœur !

BLANCMIGNON, *la regardant. danser autour de lui* (1). Oh! non... non... je te crois! je te crois... tu es cette Pelura, tu es cette danseuse... voilà bien ses petits pieds.... ses jolis yeux. (*Il lui prend la taille. Tous les autres sortent doucement de toutes les coulisses et s'approchent lentement en dansant comme elle, sans qu'il les voie.*)

LASTHÉNIE, *dans ses bras.* Je ne trahis pas, moi ! (*En se balançant, elle le fait balancer comme elle.*)

BLANCMIGNON. Ni moi... je m'attache à tes pas... je serai ton claqueur... (*Il l'embrasse.*)

THÉOPHILE. Bravo !

ÉDOUARD, *retenu par deux de ses camarades.* Ah! mais, dites donc !

LASTHÉNIE. Mon mari !

BLANCMIGNON. Le tigre !

BERGAMOTTE, *retenant Édouard.* Respect à l'amour et à l'innocence...

<hr>

SCÈNE XVIII.

LES MÊMES, BOUSCULOT, GAUDIBERT, ANODINE (2).

BOUSCULOT, *à Blancmignon.* Monsieur Blanc-

1 Bl. L.
2 L. Bl.

1 Bl. L.
2 A. V. T. B. Bl. L. Berg E.

miguon, voici l'acte en ma faveur que vos collègues ont signé.

BLANCMIGNON, *après avoir échangé une nou-
velle œillade avec Lasthénie.* Donnez, je signe
aussi...

BOUSCULOT. Merci ! merci !

GAUDIBERT, *un bâton à la main.* Peut-on commencer? voici l'heure.

BOUSCULOT. Frappez les trois coups... (*Gaudibert sort.*)

BLANCMIGNON *à Lasthénie.* Je te jetterai six bouquets. (*On entend les trois coups.*) Courons nous
placer. (*On entend un couac énorme fait par
un cor.*

ANODINE. Ah! c'est le cor de Victorin. (*Elle
sort avec son père.*)

THÉOPHILE. Eh! vite au théâtre!

TOUS. Au théâtre! (*Tous les danseurs remontent vers le fond. Théophile et Lasthénie redes-
cendent vivement vers le public à la manière des
danseurs, et se posent.*)

LASTHÉNIE, *au public.*

Air : *La robe et les bottes.*

A présent notre rôle cesse!...
L'autre public réclame nos talents...
Par notre danse enchanteresse
Nous allons le mettre dedans.

THÉOPHILE.

Comme un télégraphe électrique,
Segnoritos, segnoritas,
Daignez donare la réplique
Aux serinos qui sont là-bas!

(*Il indique le fond du théâtre.*)

FIN.

LAGNY. — Imprimerie de VIALAT et Cie.

SUITE DU CATALOGUE.

LAGNY. — Imprimerie de VIALAT et Cie.